PARIS,

SON OCTROI ET SES EMPRUNTS;

PAR

M. HORACE SAY,

Membre du Conseil général de la Seine et de la Chambre de commerce
de Paris.

PARIS.

CHEZ GUILLAUMIN, LIBRAIRE,

Éditeur du Journal des Économistes,
du Dictionnaire du Commerce et des Marchandises, et de la Collection des principaux
Économistes;

RUE DE RICHELIEU, 14.

—

1847

PARIS,

SON OCTROI ET SES EMPRUNTS.

Paris. — Imprimerie de Mme Ve Dondey-Dupré, 46, rue Saint-Louis, au Marais.

PARIS,

SON OCTROI ET SES EMPRUNTS;

PAR

M. HORACE SAY,

Membre du Conseil général de la Seine et de la Chambre de commerce
de Paris.

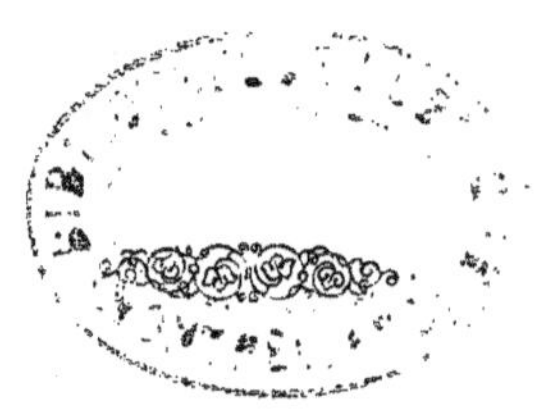

PARIS.

CHEZ GUILLAUMIN, LIBRAIRE,

Éditeur du Journal des Economistes,
du Dictionnaire du Commerce et des Marchandises, et de la Collection des principaux
Économistes;

RUE DE RICHELIEU, 14.

1847.

PARIS,

SON OCTROI ET SES EMPRUNTS.

Il est une réponse que tout administrateur tient en
réserve pour ceux qui s'avisent de proposer, en vue
d'amélioration, un changement quelconque dans l'assiette des contributions : « Le meilleur des impôts, dit
l'homme de finance, est celui qu'on est habitué à payer ;
toute innovation pourrait tarir l'une des sources où l'on
puise les moyens de satisfaire aux dépenses publiques les
plus urgentes, il est sage de s'abstenir. » Si le novateur
insiste, on consent quelquefois à reconnaître qu'il a raison au fond, en principe, en théorie ; ce qui, en langage
bureaucratique, veut dire qu'il n'a pas le sens commun ;
et en tout cas, on s'empresse de déclarer que le moment
serait tout à fait inopportun pour produire de semblables idées. Si le pays est tranquille, si les recettes sont
bonnes, il faut, ne manque-t-on pas de dire, se hâter
de tirer tout le parti possible de la position, payer les
anciennes dettes, commencer de grands travaux ; il
n'est pas encore temps alors de songer à réviser l'assiette
des impôts. S'il survient une crise, si la récolte est mauvaise, si l'on craint une guerre, il est trop tard pour y
penser. Les révolutions, quelque grandes qu'elles aient
été, n'ont présenté en France que de bien faibles chances
à cet égard. A peine la secousse passée, on s'est toujours
trouvé en présence de besoins généraux rendus d'autant plus considérables, qu'il y avait eu une plus ou

moins longue interruption dans la satisfaction qu'il avait été possible de leur donner ; on s'est toujours mis en recherche alors des hommes spéciaux en administration et en finances, c'est-à-dire de ceux qui avaient les traditions du passé, et chacun a concouru de son mieux à rétablir, autant que possible, ce qui existait précédemment. Ces restaurations successives d'un mauvais régime antérieur sont devenues ensuite les arguments qu'on a mis en avant avec le plus de confiance contre tout projet de réforme. Ainsi, et pour ne prendre mes exemples que dans le sujet même que je me propose de traiter en ce moment, on avait, disent mes adversaires, supprimé en 1791 la corporation des bouchers, le Mont-de-Piété, les octrois des villes; on annonçait le projet de régulariser plus tard d'autres moyens de police, de chercher de nouveaux revenus pour les communes; mais en attendant, il n'y a eu que désordre et anarchie. Les viandes les plus insalubres ont été colportées en tout lieu, on en vendait jusque dans les allées obscures des maisons. Les prêteurs sur gages, abusant de la misère des temps, ont fait revivre l'usure, comme au moyen âge; les travaux les plus urgents ont été ajournés, tout a souffert enfin, jusqu'à ce que l'on en soit revenu à chercher dans le passé les véritables remèdes aux maux du présent. La corporation de la boucherie s'est réorganisée, le Mont-de-Piété a repris son monopole, les barrières municipales se sont relevées, et tout s'est trouvé de nouveau pour le mieux dans le meilleur des mondes possibles.

C'est après avoir été vaincu dans le conseil municipal par cette puissante argumentation, c'est en me relevant tout meurtri de la lutte, que je me hasarderai à mettre encore en avant quelques considérations sur les revenus et les dépenses de la ville de **Paris**, sur le projet d'un emprunt de 25 millions, et sur l'octroi. Je me hâterai toutefois de reconnaître que, dans l'état actuel des choses, il n'y a de revenu net applicable aux travaux les plus essentiels que ce qui est produit par l'octroi, et que les besoins généraux de la population seront encore bien insuffisamment pourvus par les mesures proposées.

En avouant ainsi l'utilité de l'emprunt dans une année calamiteuse, comme celle où nous sommes, je ne contesterai pas davantage la nécessité de maintenir jusqu'en 1858 l'institution et le tarif actuel de l'octroi. J'avouerai de même l'inutilité de toutes réductions minimes sur ce tarif; réductions qui, en portant une grave atteinte aux revenus municipaux, ne donneraient qu'un soulagement insignifiant aux contribuables. Mais je voudrais au moins appuyer sur la nécessité d'étudier enfin d'une manière sérieuse, et en vue d'une application prochaine, l'ensemble du système fiscal du pays, afin d'arriver à un plus juste partage entre l'État et les communes des sources de l'impôt. Avec le régime compliqué de perceptions qui nous régit, le trésor central puise partout, et dans toutes les branches aussi les besoins locaux viennent en seconde ligne réclamer de faibles et insuffisantes ressources. Tandis qu'avec l'affectation spéciale et exclusive de certaines natures de contributions, à l'État pour les unes, aux communes pour les autres, les besoins de toute nature trouveraient sans doute une plus naturelle et plus complète satisfaction.

Avec l'accroissement rapide de la population, les progrès de l'aisance dans la plupart des classes de la société et les exigences qui en sont la suite, les dépenses à faire dans l'intérêt commun prennent de jour en jour plus d'importance. Une partie de ces dépenses est faite par le gouvernement central, ce sont les dépenses de l'État; les autres regardent particulièrement les communes, ce sont les dépenses municipales. Il est pourvu aux premières par un budget colossal qui puise ses ressources à la fois dans les contributions directes et indirectes les plus variées. Pour les dépenses locales, on n'a trouvé jusqu'à présent que des ressources précaires et insuffisantes. Malgré des recettes nominalement élevées, mais dont les produits se trouvent considérablement réduits, lorsqu'on descend à leur analyse, la ville de Paris, par exemple, se trouve loin de pouvoir satisfaire aux nouveaux besoins de la population agglomérée de douze à treize cent mille âmes qui se presse journellement dans ses rues.

Toutes nos lois municipales, en réglant les revenus des communes, partent de cette supposition, qui dans la plupart des cas, et pour Paris surtout, est une véritable fiction, que les communes sont propriétaires de biens-fonds ou de rentes, dont le produit est d'abord affecté à leurs dépenses; la loi annuelle de finances leur alloue des centimes additionnels sur les contributions directes; ce qui donne pour Paris le cinquantième environ du montant total de ses recettes. Les communes ont encore à percevoir des droits de places sur les halles et marchés; mais l'entretien des marchés, la police à y maintenir et les frais de perception, font plus qu'absorber le produit de ces taxes ; c'est ensuite comme complément, et pour pourvoir à l'insuffisance des autres revenus, que sont établis les octrois. Mais l'accessoire dépasse ici de beaucoup le principal, et, dans l'état actuel des choses, c'est sur les produits de l'octroi que sont prises toutes les dépenses essentielles des villes : les grands travaux, les secours publics, les moyens d'instruction primaire, les travaux d'assainissement, le pavage, la distribution des eaux. Supprimer l'octroi sans avoir assuré tous ces services importants, serait agir à la légère et de façon à compromettre les intérêts les plus pressants de la population. En se plaçant sur ce terrain, comme vient de le faire M. L. Lafaulotte, mon collègue au conseil municipal de Paris, on se donne une carrière facile ; mais c'est aussi prendre trop facilement son parti sur le maintien d'un régime financier fâcheux, qui ne tardera pas à nous conduire à une impuissance positive et regrettable d'action, en présence de besoins toujours plus grands et plus impérieux.

L'établissement et l'exagération des droits à l'entrée des villes sur les marchandises et les denrées remontent aux temps les plus calamiteux de notre histoire. Au milieu du quatorzième siècle, la France était envahie par l'étranger, divisée et morcelée de toute part ; la royauté sans force ne savait où puiser des ressources pour soutenir la guerre ; le roi Jean envoyait de tous côtés des commissaires royaux pour obtenir le renouvellement de l'imposition sur la vente des marchandises. C'est alors et à l'occasion de ces traités particuliers, que les officiers municipaux obtenaient du monarque, *à titre d'octroi*, qu'une partie du produit des taxes resterait entre leurs mains pour être employée aux besoins de la commune (1). Plus tard, sous le ministère du cardinal Mazarin, et la gestion fiscale du surintendant d'Émery, les villes, accablées de nouveaux impôts, se virent en même temps enlever cette ressource, qui leur fut cependant restituée plus tard par Colbert ; encore cette restitution ne fut-elle que partielle, et une moitié du produit de l'octroi réservée au roi à perpétuité. Or, c'est en quelque sorte sur les mêmes bases, et en se ressentant de leur origine première, que se sont relevés les octrois après notre grande révolution. Le motif de leur rétablissement a bien été de fournir une ressource pour l'insuffisance des revenus municipaux, mais en même temps le droit pour l'État de prélever sa part a été maintenu, et, par une voie plus ou moins détournée, cette part est redevenue plus forte qu'on ne le pense généralement. Les communes supportent tous les reproches qu'on adresse aux octrois, et ne profitent cependant que partiellement de leur produit. Si ce qui est perçu aux barrières de Paris l'était à son profit, ses ressources seraient bien supérieures à ce qu'elles sont en réalité.

Pour une année antérieure à l'année 1791, époque où un décret de l'assemblée nationale a supprimé la perception de tous les impôts perçus alors à l'entrée des villes, bourgs et villages, le produit des droits d'entrée de Paris. ce qui ne comprenait pas la gabelle du sel et du tabac, les droits particuliers sur les huiles,

(1) M. A. Bailly, *Histoire financière de la France*, t. I, p. 104.

savons, papiers, cartes, fers, cuirs, amidons, etc.,
douanes intérieures, péages, aides, banlieues, etc.,
s'élevait à. . . . . , . . . 35,827,300 liv.

Somme qui se répartissait ainsi qu'il suit :

1° Au profit du trésor public. . 29,837,700 liv.
1° Au profit de la ville de Paris. 3,965,800
3° Au profit des hôpitaux. . . 2,023,800
                                 ───────────
                                 35,827,300

La ville étant moitié moins peuplée qu'aujourd'hui,
la charge par habitant était, de ce chef, plus élevée du
double au moins.

Les articles imposés étaient à peu près les mêmes
qu'à présent; il y avait cependant un droit sur le sucre
et le café, qui faisait double emploi avec les droits
de douane; et un droit sur le plomb et sur les glaces.

L'article le plus productif était déjà, du reste, celui
des boissons, qui entrait pour plus de moitié dans le
produit total, soit pour 19,536,000 livres.

L'octroi de Paris a produit en 1846, 33,989,759 fr.,
non compris les droits d'entrée au profit du trésor sur
les boissons. Le produit avait été un peu plus fort en
1845, soit : 34,164,943 fr , et avec la caisse de Poissy
et le droit d'entrée du trésor, 48,029,763 fr. 66 c., se
décomposant de la manière suivante :

Boissons octroi. 13.750,550.14
Droits d'entrée du trésor 12,397,519
Alcools dénaturés. 5,220.64
                                         ─────────────
                                         26,153,289.78
Liquides (huile, térébenthine, etc.). 3,151,810.30
                                         ─────────────
                    À REPORTER . . . 29,305,100.08

<pre>
                                        REPORT . . .   29,305,100.08
Comestibles 6,100,858.21
Combustibles. 5,048,157.24
Fourrages. 1,364,399.34
Matériaux de construction. 2,143,139.28
Bois de construction. 1,939,901.28
Objets divers (houblon, fromage, cire, sel, etc.). . . .   664,045.82
</pre>

A quoi il convient d'ajouter encore le produit de la caisse de Poissy, assimilé aux droits d'octroi, et sur lequel pèse le prélèvement du dixième du trésor, soit. 1,464,162.41

<pre>
Total des droits perçus en 1845, à l'entrée de Paris. . . . 48,029,763.66
</pre>

Cette recette générale s'est trouvée répartie ensuite de la manière suivante :

<pre>
1° au Trésor produit des droits d'entrée. 12,397,519.14
   Le dixième du produit net de l'octroi
   (déduction faite pour ce calcul des ar-
   rérages de la dette municipale, de la
   subvention aux hospices, de l'achève-
   ment du canal de l'Ourcq, etc.). . . .   2,258,663.33
   Portion de la contribution personnelle
   et mobilière prélevée sur l'octroi. . .   2,629,616.95
                                           ─────────────
                                            17,285,799.42
2° au profit des hôpitaux et institutions de bienfaisance. 5,431,106.07
3° au profit de la ville de Paris. 25,312,858.17
                                           ─────────────
                                            48,029,763.66
</pre>

Si des 25 millions revenant à la ville de Paris, on retranche encore plus de 2 millions pour les frais de perception laissés entièrement à sa charge, on arrive à reconnaître qu'elle ne profite pas des droits perçus à l'entrée, pour beaucoup plus que cette moitié qui lui était déjà promise, il y a deux siècles, par Colbert.

Les droits sur le vin sont de tous les plus productifs; mais ils sont en même temps les plus lourds relativement à la valeur et les plus inégalement répartis. La taxe, n'ayant aucun égard aux qualités, est tantôt de 80 à 100 pour 100 sur le vin commun que consomme la classe ouvrière, tantôt de 5 ou 6 pour 100 seulement sur le vin fin servi à la table des riches. Il n'est, toutefois, aucun des reproches adressés à cet égard au tarif de l'octroi qui ne doive être en même temps adressé au tarif des contributions indirectes, et chaque fois qu'on demande la suppression de l'octroi, la population peut en même temps invoquer une promesse antérieurement faite et crier aussi : « *Plus de droits réunis.* » L'un ne vaut pas mieux que l'autre; si l'octroi sur le vin était supprimé, il faudrait en même temps renoncer au droit d'entrée perçu au profit du trésor.

En attendant, toute réduction partielle faite seulement sur le droit d'octroi sera sans influence notable pour la consommation, et enlèvera cependant à l'administration municipale la seule partie disponible qu'elle peut en ce moment employer à de grands et utiles travaux. La suppression de la surtaxe votée en 1842, pour avoir effet en 1852, est une mesure provoquée par la mauvaise humeur des représentants de l'industrie vinicole, et qui n'aura ni une autre importance, ni un meilleur résultat. On sait qu'on appelle surtaxe l'excédant du droit d'octroi sur le droit d'entrée des contributions indirectes; à Paris le droit d'octroi étant 10 fr. par hectolitre de vin, et le droit d'entrée étant 8 fr., la surtaxe est 2 fr., soit 1/9 de ce qui est perçu à la barrière. La suppression de cette surtaxe, en prenant pour point de départ les quantités introduites en 1845, diminuerait le revenu municipal de quinze cent mille francs; les droits qui en certains cas sont de 100 pour 100 de la valeur de la marchandise resteraient, malgré la réduction, au-dessus de 90 pour 100; et les 2 centimes par litre ne profiteraient que pour une bien faible proportion aux consommateurs.

Au reste, les droits perçus aux barrières de Paris ne sont pas les seules taxes de consommation qui soient appliquées, et il faut encore comprendre dans leur nomenclature les droits perçus sur la vente en gros des denrées sur les marchés d'approvisionnement. Ainsi, il y a lieu d'ajouter aux 48 millions mentionnés plus haut près de 2 millions pour cette perception; et le produit total des droits de consommation atteignant ainsi 50 millions pour un million d'habitants, représente une contribution de 50 fr. par tête, soit 150 à 200 fr. par famille. Je n'indique ici qu'en passant, toutefois, et sans y attacher une grande importance, ce calcul sur le poids de l'octroi par individu ou par famille, car il faudrait, je le reconnais, pouvoir tenir compte de ces étrangers en grand nombre, qui, sans être compris dans le recensement de la population de Paris, payent leur bonne part des denrées qui s'y consomment.

Dans l'esprit de nos lois communales, toutes les taxes de consommation ne doivent être autre chose que des droits d'octroi, et la perception qui est faite sur le marché au lieu de l'être aux barrières, présente des inconvénients de plus d'un genre. La plus lourde de ces taxes à Paris est celle de 10 pour cent perçue à la halle à la volaille; aussi a-t-elle causé les plus vives réclamations; on s'est adressé aux deux préfets, au conseil municipal, aux chambres législatives et aux ministres. L'illégalité de ce mode de perception a été clairement établie; et, en tous cas, il est généralement reconnu que c'est un impôt qui pèse sur une partie seulement des consommateurs, tandis que d'autres en sont exempts. Comme la perception ne se fait qu'au marché, il faudrait, pour que rien n'échappât au droit, que tout fût porté à la halle. C'est bien aussi ce que voulaient les anciens règlements; règlements qu'on cherche à faire considérer comme étant encore en vigueur, mais qui sont en flagrante opposition avec la liberté actuelle des communications, et que l'on est d'ailleurs impuissant à faire exécuter. On considère, il est vrai, comme étant en contravention les charrettes qui conduisent directement chez le rôtisseur l'oie ou le dindon de l'artisan ; mais on respecte le messagiste qui porte, exemptes de tout droit, dans les beaux hôtels du faubourg Saint-Germain ou de la Chaussée-d'Antin, les bourriches dans lesquelles les poulardes grasses reposent si bien emballées :

« Et l'on sait que du Mans il en vient par douzaine. »

On a voulu corriger cet abus en cherchant à convertir les droits de marché en droits d'octroi ; les études ont commencé en 1836 sur ce point, et Dieu sait depuis lors combien de réunions de commissions ont eu lieu, combien de braves gens y ont perdu leur temps, combien de rapports ont été faits par les chefs de service, combien de mémoires du préfet au conseil, de lettres du préfet de police, de communications du ministre des finances, du ministre du commerce, du ministre de l'intérieur, sans que depuis onze ans la question ait avancé d'un pas. Quelques optimistes de l'administration municipale s'en réjouissent en pensant à l'accroissement d'embarras que le changement aurait pu créer pour l'octroi ; et il faut convenir que, sauf la question d'équité, des droits à l'entrée sur la volaille, le gibier, les huîtres, la marée, le beurre et les œufs ne seraient pas fort bien venus auprès de la population.

Les droits de 8 pour 100 sur le prix de vente des huîtres et de 6 pour 100 sur la marée sont relativement peu élevés, et la perception faite aux halles sur la valeur semble plus équitable, surtout pour des denrées qui en général ne parviennent aux consommateurs qu'après avoir été portées d'abord sur les marchés d'approvisionnement. On ne comprend donc pas bien pourquoi les principes en matière d'impôts voudraient, ainsi que l'expriment les lettres du ministre des finances au préfet de la Seine, que ce mode fût changé. Il est vrai que les perceptions à faire dans les marchés doivent, dit-on, être renfermées dans le prix de location par mètre superficiel de terrain occupé.

Cette même raison a porté l'administration à proposer de transformer en droits d'octroi les faibles droits de vente de 1 1/2 et 2 1/2 pour cent perçus aux halles sur le beurre et les œufs. Cette conversion rendrait la perception difficile, onéreuse et vexatoire aux barrières, et l'on recule maintenant devant l'application d'une semblable mesure.

A tout prendre, et sauf en ce qui concerne le vin, pour lequel le mal est dans le système de perception du trésor aussi bien que de l'octroi, le tarif des droits sur la consommation n'a rien de fort exagéré à Paris. Si la viande a renchéri d'année en année, de manière à

en restreindre jusqu'à un certain point la consommation, ce n'est pas à un droit fixe qui n'atteint pas six
pour cent de la valeur vénale de la denrée qu'il faut
l'attribuer, mais bien à l'insuffisance de la produc-
tion. Le droit de 9 centimes 4/10 par kilogramme représente pour la ville un revenu de 6 millions. Une
réduction minime serait sans influence marquée sur
la consommation ; la seule mesure profitable serait la
suppression complète du droit, et la question vient
ainsi, pour ce qui concerne la viande, se confondre
dans la question générale de la suppression de l'octroi,
et des moyens à prendre pour fournir, d'un autre côté,
à la commune des revenus suffisants.

Par la loi même de leur institution, les octrois ne
peuvent porter que sur les articles les plus essentiels à
la consommation des habitants ; et par cela même que
le poids est porté presque également par tous, il y a
injustice relative, et l'on se trouve ainsi s'écarter davantage, dans ce genre d'impôt que dans tout autre, du
principe général qui veut que chacun subvienne aux
charges publiques proportionnellement à ses revenus.
Si l'on soutient que l'égalité relative se rétablit par l'élé-
vation des salaires, cette proposition, vraie seulement
dans certains cas, et surtout lorsque les affaires sont
bonnes, cesse d'être fondée dans les moments de crise
et de chômage, alors que l'ouvrier lutte péniblement
pour soutenir sa famille. Pour le malade et l'infirme, il
n'est pas question de salaire, et d'ailleurs, dans la classe
moyenne, il est beaucoup de familles qui ne vivent pas
précisément sur des salaires.

Enfin, les inconvénients les plus graves qui naissent

du régime des octrois sont peut-être encore la mauvaise assiette que prend la population sur le sol qu'elle habite, et les conséquences qui en résultent pour la salubrité des villes. Le renchérissement des matériaux de construction est une des causes qui font élever les maisons sur certains points, comme de véritables casernes, avec des étages superposés, où des logements resserrés pressent auprès les uns des autres de nombreux habitants, au grand détriment de leur santé, et souvent de leur moralité.

D'un autre côté, de grands espaces restent sans maisons et sont encore livrés à la culture dans l'enceinte de la ville; et en même temps une population nombreuse, fuyant un mauvais régime fiscal, va chercher sa demeure en dehors du mur d'enceinte; une ville extérieure forme comme un vaste anneau autour de la ville elle-même. De semblables émigrants, dont tous les intérêts sont cependant à l'intérieur, en se soustrayant ainsi à une partie des charges, rendent plus apparente encore l'inégalité de la répartition.

On se sent péniblement affecté en approchant de Paris, après un long voyage, d'avoir à traverser ces longs faubourgs extérieurs mal entretenus, faute de revenus locaux suffisants, où se presse la population ouvrière, où viennent se réfugier les loueurs de voitures, les aubergistes pour les rouliers, et où s'ouvrent de tous côtés d'ignobles guinguettes et de bruyants cabarets. Quelle différence avec l'aspect que présente l'approche des grandes villes dans les pays où l'on ne connaît pas l'octroi, comme en Angleterre et aux États-Unis! Là, ce qui annonce une capitale, ce sont des maisons riantes,

entourées de jardins, où la partie aisée de la population vient respirer un air pur en s'éloignant du centre
des affaires: plus on avance, plus les habitations se
rapprochent, plus le mouvement devient actif ; les voitures se croisent plus nombreuses, les boutiques et les
magasins présentent enfin leurs riches étalages, et l'on
se trouve avoir insensiblement passé sans transition pé-
nible de la paix des champs au séjour animé de la ville.

Les facilités nouvelles données aux communications
par la construction des chemins de fer seront un des
principaux obstacles à la conservation du régime des
octrois. Des milliers de voyageurs, après avoir franchi
en une heure 20 kilomètres de distance, prendront dif-
ficilement leur parti de rester presque autant de temps
à attendre, incommodément enfermés dans une gare,
pressés qu'ils sont de se rendre à leurs affaires, que
des employés en uniforme vert soient venus fouiller
dans leur porte-manteau pour chercher la bouteille de
vin ou le filet de bœuf qui pourraient indûment s'y
trouver. Cette recherche, qui, dans la plupart des cas,
ne doit amener la découverte d'aucun article de contre-
bande, est un travail oiseux qu'il faut rétribuer, et les
frais de perception sur l'ensemble des droits d'octroi
s'en trouveront considérablement accrus.

Un des plus graves inconvéniens du régime des octrois est encore de ne fournir après tout aux villes,
surtout à raison des prélèvements du trésor, que des
revenus insuffisants pour pourvoir à leurs besoins.
Trois millions affectés par an à de grands travaux ne
permettraient pas de mettre, en un siècle, Paris au point
où il devrait être, sous le rapport de la distribution des

eaux, de la construction des égouts et de l'élargisse-
ment de la voie publique ; et cela, même en supposant
que la population dût rester stationnaire, et en ne te-
nant aucun compte de l'accroissement de circulation
qui doit inévitablement résulter de l'achèvement de
toutes les voies de fer qui vont y aboutir.

En présentant au conseil municipal le projet d'un
emprunt de 25 millions, M. le préfet de la Seine a mis
sous ses yeux un état des travaux les plus urgents à en-
treprendre ; il en résulte que des plans déjà approuvés
en grande partie absorberaient la somme énorme de
72 millions ; et rien cependant ne serait plus facile que
d'ajouter à cette liste une série non moins longue, et
pour une somme pareille, de travaux qui seraient non
moins utiles, dont on entend tous les jours la population réclamer l'exécution, et qu'il est triste de ne
pouvoir commencer aussi. Toutefois, en présence des
besoins d'une année calamiteuse, alors qu'il faut pourvoir au payement de *bons de pain* pour une valeur qui
excédera 3 millions, avec la nécessité de ne pas grever
l'avenir de trop fortes dettes, qui, dans l'état actuel de
notre législation financière, n'ont d'autre garantie que
des droits d'octroi chaque jour plus attaqués, il a fallu
se restreindre. Un choix a été fait des travaux qu'on
regarde comme essentiel de conduire à fin en peu d'années, et l'on s'est réduit à 62 millions, sur lesquels
11 millions sont déjà *crédités*, ce qui laisse à pourvoir
pour un solde de 41 millions.

L'emprunt de 25 millions serait particulièrement
affecté à cette destination. Son amortissement com-
mencerait en 1852 au moment où les emprunts anté-

rieurs de 1815, 1822 et 1832 se trouveraient éteints; cet amortissement, basé sur le maintien du tarif actuel de l'octroi, opérerait jusqu'en 1858. L'autorisation d'emprunter, qui serait donnée par les pouvoirs législatifs, serait en même temps la sanction de ce système. Quant à la réalisation d'un emprunt ainsi limité, elle serait sans doute facile pour la ville de Paris; d'abord parce qu'il lui serait possible de prendre, sauf rétablissement successif, une partie des fonds déposés par elle au trésor, en attendant que les ayant-droit aient fait apurer leurs comptes; ensuite par un prêt de la part de la caisse des dépôts et consignations; enfin par un appel au public.

M. Dupérier, membre aussi du conseil municipal de Paris, dans un écrit intéressant sur ce sujet, croit devoir demander que l'amortissement soit reporté jusqu'à vingt années, afin de laisser la loi du 14 juin 1842 sur l'abolition de la surtaxe avoir tout son effet. Je ne saurais partager cette opinion : la réduction de 2 fr. sur 18 formant le montant des deux droits d'entrée et d'octroi réunis, sera insignifiante pour le consommateur, et ne remédiera en rien à l'injustice d'une taxation uniforme, qui n'a aucun égard aux différences de qualités et de prix. L'emprunt, le maintien du tarif ne peuvent être, suivant moi, considérés que comme continuant un état provisoire dont il ne faut pas songer à prolonger indéfiniment la durée, mais qui doit être maintenu jusqu'à l'adoption des réformes financières que nous devons appeler de tous nos vœux, et pour l'étude desquelles dix années bien employées sembleraient un délai suffisant.

On est rarement bien venu chez nous lorsqu'on se permet d'invoquer comme exemple ce qui se passe à l'étranger; et cependant, quand on songe aux faits économiques dont l'Angleterre nous rend témoins; quand on porte une attention sérieuse sur les quatre grandes réformes accomplies en six ans par nos voisins, et dont chacune équivaut pour les résultats à de grandes révolutions; quand on voit les avantages réels et positifs qu'ils ont obtenus déjà par la réforme postale, par l'application modérée de la taxe sur les revenus, par les changements fondamentaux que deux réformes de tarif ont apportés dans le régime des douanes, on ne peut s'empêcher de faire un triste retour sur les affaires intérieures de notre patrie, puisque dix années paraissent encore un délai trop court chez nous pour préparer la suppression des octrois.

La question de savoir comment on remplacera les revenus qu'en cas de suppression on ne pourrait plus tirer de l'octroi, bien que déjà difficile suivant ceux-là même qui la posent et qui en font le principal argument contre toute réforme, est, comme je crois l'avoir déjà montré, plus complexe qu'ils ne pensent eux-mêmes, puisqu'elle embrasse à la fois ce qui touche aux finances générales de l'État et aux revenus spéciaux qu'il faut assurer aux communes. Toute la partie vexatoire de la perception aux barrières tient essentiellement à ce qui concerne les vins et les eaux-de-vie; c'est sur ces articles de consommation que le taux des droits est exorbitant comparé à leur valeur; aussi la recherche sur les voyageurs, dans leurs bagages, dans les voitures publiques ou privées, a-t-elle

essentiellement pour but de trouver les liquides qu'on
introduirait en fraude. Ce n'est point un baril d'huile
à brûler qui passerait par cette voie, ni des bois de
construction, ni la bûche à brûler ; le filet de bœuf ou
de mouton qu'on cacherait ainsi ne procurerait au
fraudeur qu'une économie de droit de 25 à 30 centimes au plus, prime évidemment insuffisante pour
le pousser à se mettre ainsi en contravention. Mais les
droits qui se perçoivent sur les liquides aux barrières
profitent plus encore, comme je l'ai montré, au trésor
qu'à la commune, même avec le maintien de la surtaxe municipale ; puisque le trésor reçoit, outre son
droit d'entrée, le dixième de l'octroi et encore un prélèvement pour tenir lieu d'une partie de la taxe personnelle et mobilière. La suppression des droits à la
barrière nécessiterait donc que le trésor cherchât, aussi
bien que la commune, à combler par quelque autre
voie le déficit résultant de la suppression. Le droit
d'entrée représente le droit de consommation ; il
exempte les habitants de Paris de l'exercice à domi-
cile, c'est-à-dire des visites que les agents des contributions indirectes (*ex-droits réunis*) feraient dans toutes
les caves. S'il fallait en revenir à subir de semblables
visites, ce serait fort gênant, sans doute, mais en même
temps ce serait très-dispendieux pour la régie, et les
habitants en prendaient leur parti, dans l'espoir que
cela conduirait infailliblement à une réforme radicale
sur cet ensemble de mesures fiscales qui s'attaquent
aux produits de la vigne, depuis la récolte jusqu'à la
consommation.

Quelques taxes somptuaires sont proposées au profit des communes, mais elles ne donneraient que de faibles produits. L'impôt sur les chiens aurait pour principal effet de diminuer beaucoup le nombre de ces animaux; on ne voit pas de chiens à Londres comme on en voit à Paris, et la taxe n'est productive, de l'autre côté du détroit, que par les droits que les grands propriétaires payent pour entretenir des meutes de chiens courants. Quant à la perruque poudrée du cocher et au panneau armorié de la voiture, le ridicule en a fait justice, et ce ne serait pas là une importation bien désirable.

Resterait à régulariser les droits sur les voitures. Jusqu'à présent les voitures de place sont les seules qui aient été soumises au payement d'une taxe municipale. Il est vrai que cette perception est faite comme location d'emplacements sur la voie publique ·pour leur stationnement; c'est une des sources de revenu indiquées par la loi municipale. La perception faite en 1845 sur un stationnement moyen par jour de

740 cabriolets,
300 coupés,
600 fiacres,
60 cabriolets de l'extérieur,
345 omnibus,

ensemble 2,045 voitures, a produit 442 mille fr.

Une taxe qui porterait sur la circulation atteindrait les voitures particulières, mais elle deviendrait surtout onéreuse à la profession déjà scabreuse des loueurs de voitures, qui sont les véritables propriétaires de la plupart des voitures bourgeoises. Ce n'est pas là, en tout cas, qu'il faudrait chercher une notable compensation à la suppression des droits d'octroi.

L'octroi ne peut être remplacé efficacement que par une imposition directe sur les habitants, et, en général, on regarde les loyers comme devant servir de base à la répartition. C'est ainsi qu'en Angleterre se règlent toutes les taxes locales, celles pour l'éclairage de la voie publique, pour le nettoiement, pour la distribution de l'eau, etc. Mais, dans les pays où les habitants payent cette nature de taxes directes, ils en sont affranchis à l'égard du trésor central. L'État puise ses revenus dans d'autres natures d'impôts, comme, par exemple, dans le produit des douanes, dont le tarif est calculé de manière à laisser se développer le commerce international, et à faire payer des droits aux marchandises étrangères au lieu de les repousser par une prohibition patente ou déguisée.

Pour établir convenablement chez nous une taxe proportionnelle aux loyers, il faudrait d'abord déblayer le terrain et supprimer les taxes mal établies, qui fatigueraient déjà le contribuable et paralyseraient ses ressources. Or, il y a deux contributions directes qui ont essentiellement à Paris ce caractère; ce sont la contribution personnelle et mobilière proprement dite, et l'impôt des patentes.

La contribution personnelle et mobilière demande annuellement à Paris, tant en principal qu'en centimes additionnels, une somme de 3 millions 400 mille francs; mais comme c'est une nature de taxe difficile à recouvrer, que notamment pour les petites locations il y aurait eu de fréquentes non-valeurs, et que le fisc reculait devant la nécessité de saisir le mobilier du pauvre contribuable, il y a eu une sorte de traité passé entre la commune et l'État ; le tarif des droits d'octroi a été augmenté de telle façon, que, malgré le prélèvement d'environ moitié de la contribution personnelle et mobilière sur son produit, il en est résulté encore un profit pour la caisse de la ville. La suppression de l'octroi ferait tomber ce traité ; le trésor n'aurait plus droit à son prélèvement, et devrait déjà renoncer à cette partie au moins de la taxe personnelle et mobilière.

Le revenu foncier pour la ville de Paris est évalué de 85 à 90 millions ; mais après les diverses réductions admises, le revenu qui a servi de base à l'établissement de la répartition de la contribution foncière était, en 1839, fixé à 69 millions 700 mille francs ; il a été porté à 70 millions 800 mille francs en 1845, et pour 1846 à 72 millions.

Pour la contribution mobilière, le prélèvement sur l'octroi permet d'affranchir tout loyer au-dessous de 200 francs par an, et d'alléger la charge sur les loyers ne dépassant pas 800 francs ; de 200 à 800 francs les loyers sont partagés en trois classes pour lesquelles l'impôt devient progressif. Les loyers d'habitation au-dessus de 200 francs ont été évalués :

pour 1840 à 52,673,082 francs,

1842 à 54,688,755

1844 à 57,848,890

1846 à 62,504,140

Pour cette dernière année, la proportion pour les quatre classes a été fixée ainsi qu'il suit :

```
Loyers de 201 à 400 fr.      16,916,565   taxés à 2 fr. 50 c. pour 100
         401 à 500            4,768,895            3      50
         501 à 800            9,225,655            4      50
         801 et au-dessus    31,593,025            5      50
                             ──────────
                             62,504,140
```

Le recouvrement d'après le rôle établi sur ces bases a donné. 2,742,596.28

Il a fallu en conséquence prendre en prélèvement sur l'octroi. 2,651,063.25

Pour compléter la fixation de la contribution, soit. . . . 5,393,659.53

La taxe sur les loyers ne produit donc en réalité que la moitié de ce qu'elle est censée produire, et quant à l'autre moitié, elle est réellement perçue pour le profit de l'État aux barrières de la ville.

Ce qu'il est bon de noter ici en passant, c'est d'une part l'exemption de la contribution pour les contribuables peu aisés, ainsi que cela se retrouve en Angleterre dans la taxe sur les revenus, dont sont exempts tous ceux qui n'ont pas un revenu de 150 livres (3,750 francs), et aussi l'application dans une sage mesure d'un impôt progressif. Il y aurait là de bons errements à suivre quand on en viendra à percevoir directement les revenus municipaux.

J'arrive à une autre contribution personnelle et mobilière fort injuste, fort inégalement appliquée, et dont le maintien serait le plus grand obstacle à la substitution de la taxe directe au régime des droits d'octroi, c'est l'impôt des patentes. Dans les pays qui ont le bonheur de ne pas avoir d'octroi, les commerçants ne payent à l'État aucun droit de patente, et ils peuvent ainsi supporter les taxes locales, qui, il faut bien le reconnaître, deviennent pour eux une charge non moins lourde.

La patente, de même que le droit d'octroi, semble avoir dans son origine quelque chose de féodal ; c'est en quelque sorte une redevance au moyen de laquelle le bourgeois achète de son roi le droit d'exercer une profession ; aussi, tous ceux qui se vouent aux arts prétendus libéraux, les médecins, les avocats, les artistes, se trouvent-ils encore plus blessés dans leur dignité que lésés dans leurs intérêts quand on les soumet à la patente. Cette taxe est en outre injustement répartie, en ce qu'elle pèse sur les industries qui s'exercent dans les villes, sans qu'on l'impose en même temps à l'industrie agricole ; or, puisqu'elle pèse seulement sur les populations urbaines, c'est à leur profit qu'elle devrait être perçue, et son produit devrait être essentiellement appliqué au payement des dépenses locales. Il n'est pas juste que Paris paye à lui seul, ainsi que cela a lieu maintenant, le cinquième d'un impôt de cette importance.

Ainsi donc, pour établir convenablement un impôt proportionné aux loyers, pour remplacer les droits d'octroi, il faudrait commencer par faire table rase de la taxe mobilière et de celle des patentes. Comme, en même temps, il y aurait lieu de revoir les bases sur lesquelles sont établies les contributions indirectes, ou *droits réunis* sur les boissons, qu'il faudrait aviser au déficit devant résulter pour le trésor de la suppression de ses prélèvements sur l'octroi, on doit reconnaître que la réforme financière ne devrait pas être moins importante en ce qui touche les intérêts du trésor central que ceux des villes.

Si l'on me demande maintenant comment on pourrait indemniser le trésor de tous les sacrifices qu'on lui imposerait, je dirai que la consommation, affranchie de toute autre entrave, pourrait supporter à son profit quelques charges d'un autre genre; je rappellerai qu'au moyen de réductions faites avec intelligence sur le tarif, la douane pourrait fournir facilement un produit double au moins des recettes actuelles. Je pourrais encore mettre en avant l'idée d'une taxe modérée sur les revenus. Enfin, si je ne craignais d'être appelé séditieux ou pour le moins utopiste, je me hasarderais peut-être à parler de réduction dans les dépenses; ici, toutefois, le champ de la discussion devient trop vaste, et, de crainte de m'y égarer, je crois plus prudent de renoncer à m'y engager.

Quoi qu'il en soit, la France est assez riche pour subvenir à ses dépenses tant gouvernementales que locales; mais il faut rechercher avec soin les sources qui peuvent faire couler l'abondance, et après avoir consacré exclusivement les plus riches à fournir aux besoins de l'État, il faut en abandonner franchement et sans restriction quelques autres aux besoins des communes. Les dépenses départementales sont à mes yeux des dépenses de l'État; car la France n'est point une fédération de départements; les autorités qui sont à leur tête, quel que soit le contrôle qu'exercent sur elles des corps électifs, n'agissent que par délégation du gouvernement central; dès lors, les dépenses peuvent en être couvertes par des prélèvements sur les impôts généraux et au moyen de subventions prises sur quelques fonds centralisés. La *commune* personnifie seule pour nous l'*unité* politique; l'association des familles forme la commune; l'association des communes forme la nation. La centralisation a pour but de cimenter cette dernière association, et de rendre forte l'unité nationale par l'uniformité de la législation; mais elle doit en même temps se tenir à cet égard dans une sage réserve, et laisser aux autorités locales le plus de liberté possible. Nous avons encore un pied dans le moyen âge, et les progrès qui nous restent à faire compléteront, je l'espère, l'affranchissement des communes.

Voilà quels sont les principes, les idées avec lesquels je voudrais qu'on entrât franchement dans la voie des réformes financières. Je demande que les partisans du *statu quo*, que messieurs du fisc veuillent bien m'épargner les épithètes d'utopiste et de théoricien, car je passe d'avance condamnation sur tout ce qui, dans l'exposé rapide que je viens de faire, ne pourrait pas trouver application dans la pratique.

Pour me résumer, je pense donc que le développement de l'aisance et l'accroissement de la population doivent faire prendre aux dépenses communales une importance toujours croissante. Paris, même en se restreignant à ce qui sera strictement nécessaire, aura besoin de disposer de grandes ressources qui ne lui seraient qu'imparfaitement fournies par l'octroi. L'octroi est d'ailleurs un mode vexatoire de lever l'impôt, c'est une douane intérieure qui devra disparaître un jour, et que la rapidité nouvelle des communications ne permettra pas même de maintenir bien longtemps encore. Il serait dangereux, toutefois, de supprimer l'octroi sans avoir préparé les moyens de pourvoir d'une autre manière aux besoins de la commune ; celle-ci ne pourra puiser à la source de l'impôt proportionnel aux loyers qu'après suppression de la contribution mobilière et de celle des patentes (1). La suppression de l'octroi devant d'ailleurs priver le trésor central d'une recette presque équivalente à ce que reçoit la ville, il faut ne pas négliger cette partie importante de la question.

Dans cet état des choses, il convient de donner à la ville de Paris la faculté qu'elle demande de contracter un emprunt ; et, faute de mieux, il faut affecter au payement des arrérages et de l'amortissement les produits de l'octroi ; le maintien du tarif actuel est une conséquence naturelle de cette affectation, et il serait tout à fait illusoire d'attacher en attendant une importance d'utilité quelconque à l'abolition de la surtaxe actuelle de 2 francs sur 18 par hectolitre de vin. Mieux vaut le maintien de cette surtaxe que la prolongation du délai qu'on peut fixer pour les réformes radicales auxquelles il faudra tôt ou tard arriver. Mais, si le régime actuel des perceptions municipales doit durer dix ans encore, que cette période de temps, longue peut-être dans la vie d'un homme, mais courte dans la vie des peuples, soit au moins employée à des études sérieuses sur le

(1) Il ne s'agit pas, à proprement parler, de la suppression des patentes, mais bien de la conversion en un droit municipal mieux réparti, d'un droit actuellement perçu au profit de l'Etat. En tout cas, comme il ne saurait être question de retirer aux citoyens aucune partie des droits politiques qu'ils exercent, il serait bien entendu que les taxes directes au profit des communes seraient comptées pour le cens qui confère des droits électoraux.

meilleur partage à faire entre le gouvernement central et la commune des sources de l'impôt, pour que l'un et l'autre, sachant où puiser exclusivement, trouvent les moyens de satisfaire enfin avec indépendance aux besoins publics généraux ou spéciaux.

LIBRAIRIE DE GUILLAUMIN ET C,

RUE RICHELIEU, 14.

JOURNAL DES ÉCONOMISTES,

REVUE MENSUELLE

d'économie politique et des questions agricoles, manufacturières et commerciales.

Rédacteurs : MM. Fréd. BASTIAT, membre correspondant de l'Institut. — Ad. BLAISE. — BLANQUI, membre de l'Institut et de la Chambre des Députés. — Jules BURAT, ingénieur civil. — Michel CHEVALIER, ancien député, conseiller d'état, professeur d'économie politique au Collége royal de France. — Pierre CLÉMENT. — E. DAIRE. — Ch. DUNOYER, membre de l'Institut, conseiller d'état. — Hippolyte DUSSARD. — Léon FAUCHER, membre de la Chambre des Députés. — Théodore FIX. — Alc. FONTEYRAUD. — Joseph GARNIER. — DE LA FARELLE, député, membre correspondant de l'Institut. — Ch. LEGENTIL, pair de France, président de la Chambre de Commerce de Paris. — Maurice MONJEAN. — MOREAU DE JONNÈS, membre correspondant de l'Institut. — Hippolyte PASSY, pair de France, membre de l'Institut, ancien ministre des Finances. — RAMON DE LA SAGRA, membre correspondant de l'Institut. — RENOUARD, pair de France, conseiller à la Cour de Cassation. — Louis REYBAUD, membre de la Chambre des Députés. — Henri RICHELOT. — RODET. — ROSSI, pair de France, membre de l'Institut. — Horace SAY, membre du Conseil général de la Seine et de la Chambre de Commerce. — ALBAN DE VILLENEUVE-BARGEMONT, membre de l'Institut, député. — VILLERMÉ, membre de l'Institut. — E. VINCENS, conseiller d'état. — VIVIEN, membre de l'Institut, député, ancien ministre. — WOLOWSKI, professeur de législation industrielle au Conservatoire des Arts et Métiers, etc., etc., etc.

LE JOURNAL DES ÉCONOMISTES paraît le 15 de chaque mois, par cahiers de 6 à 7 feuilles, format grand in-8°, imprimés avec le plus grand soin.

Les 12 numéros publiés dans l'année forment 3 beaux volumes, contenant la matière de 9 à 10 volumes in-8° ordinaire.

PRIX D'ABONNEMENT

30 fr. par AN, pour toute la France ; **16** fr. pour six mois, *idem* ; **40** fr. par AN, pour l'étranger.

Les cinq premières années (décembre 1841 à novembre 1846) forment 15 beaux volumes grand in-8°, renfermant la matière de plus de 45 volumes in-8° ordinaires.

Le 9e volume est terminé par une *Table analytique des matières* de la première période triennale.

Prix des cinq années, *franco* pour toute la France. . . . . 150 fr.

En s'abonnant à la 6e année, on recevra la collection des cinq premières années pour 125 fr.

SOMMAIRE DU 64e NUMÉRO (mars 1847)

I. Du Manifeste du comité central de la Prohibition, par M. LÉON FAUCHER, député. — II. L'Irlande, par M. G. DE MOLINARI. — III. Du Projet de loi sur les Billets de Banque au-dessous de 500 fr., par M. HORACE SAY. — IV. du Recensement de la Population de la France en 1846, et du Mouvement de la Population en Europe, par M. LEGOYT. — V. Misère et Charité, par M. H. S. — VI. Éléments de Statistique, par M. MOREAU DE JONNÈS, Rapport à l'institut par M. H. PASSY, pair de France. — VII. Histoire de la Civilisation, par M. MACKINNON, Compte-Rendu par M. AL. FONTEYRAUD. — VIII. L'Agriculture et la Réforme douanière, par M. LE COMTE D'ESTERNO. — IX. Lettre inédite de J. B. SAY sur la Banque de France. — X. Bulletin. — XI. Bibliographie. — XII. Chronique.

Imprimerie DONDEY-DUPRÉ, rue Saint-Louis, 46.